Mijn tweetalige prentenboek
کتاب تصویری دو زبانه من

Sefa's mooiste kinderverhalen in één bundel

Ulrich Renz • Barbara Brinkmann:

Slaap lekker, kleine wolf · راحت بخواب، گرگ کوچک

Voor kinderen vanaf 2 jaar en ouder

Cornelia Haas • Ulrich Renz:

Mijn allermooiste droom · قشنگترین رویای من

Voor kinderen vanaf 2 jaar en ouder

Ulrich Renz • Marc Robitzky:

De wilde zwanen · قوهای وحشی

Een sprookje naar Hans Christian Andersen

Voor kinderen vanaf 5 jaar en ouder

© 2024 by Sefa Verlag Kirsten Bödeker, Lübeck, Germany. www.sefa-verlag.de

Special thanks to Paul Bödeker, Freiburg, Germany

All rights reserved.

ISBN: 9783756304141

Lezen · Luisteren · Begrijpen

Slaap lekker, kleine wolf

راحت بخواب، گرگ کوچک

Ulrich Renz / Barbara Brinkmann

Nederlands — tweetalig — Perzisch (Farsi)

Vertaling:

Jonathan van den Berg (Nederlands)

Jahan Mortezai, Ajmal Khan Arifi, Sara Zhalehpour (Perzisch (Farsi))

Luisterboek en video:

www.sefa-bilingual.com/bonus

Gratis toegang met het wachtwoord:

Nederlands: **LWNL2321**

Perzisch (Farsi): **LWFA1510**

Goedenacht, Tim! We zoeken morgen verder.
Voor nu slaap lekker!

شب بخیر، تیم!
فردا به جستجو ادامه می‌دهیم. حالا خوب بخواب!

Buiten is het al donker.

بیرون، همه جا تاریک شده است.

Wat doet Tim daar?

تیم چه کار می‌کند؟

Hij gaat naar de speeltuin.

Wat zoekt hij daar?

او به طرف زمین بازی می‌رود.

آنجا دنبال چه می‌گردد؟

De kleine wolf!

Zonder hem kan hij niet slapen.

گرگ کوچک!

او بدون آن نمی‌تواند بخوابد.

Wie komt daar aan?

این چه کسی است که می‌آید؟

Marie! Ze zoekt haar bal.

ماری! او دنبال توپش می‌گردد.

En wat zoekt Tobi?

و توبی دنبال چه می‌گردد؟

Zijn graafmachine.

بیل مکانیکی اش.

En wat zoekt Nala?

و نالا دنبال چه می‌گردد؟

Haar pop.

عروسکش.

Moeten de kinderen niet naar bed?

De kat is erg verwonderd.

بچه‌ها نباید به تخت خواب بروند؟

گربه خیلی تعجب کرده است.

Wie komt er nu aan?

دیگر چه کسی دارد می‌آید؟

De mama en papa van Tim!
Zonder hun Tim kunnen zij niet slapen.

مادر و پدر تیم!
آن‌ها بدون تیم‌شان نمی‌توانند بخوابند.

En er komen nog meer! De papa van Marie.
De opa van Tobi. En de mama van Nala.

و تعداد بیشتری دارند می‌آیند!
پدر ماری. بابا بزرگ توبی. و مادر نالا.

Nu snel naar bed!

حالا همگی سریع به طرف تخت خواب!

Goedenacht, Tim!

Morgen hoeven we niet meer te zoeken.

شب بخیر، تیم!

فردا دیگر لازم نیست جستجو کنیم.

Slaap lekker, kleine wolf!

راحت بخواب، گرگ کوچک!

Cornelia Haas • Ulrich Renz

Mijn allermooiste droom

Vertaling:

Gino Morillo Morales (Nederlands)

Sadegh Bahrami, Bahar Talai (Perzisch (Farsi))

Luisterboek en video:

www.sefa-bilingual.com/bonus

Gratis toegang met het wachtwoord:

Nederlands: **BDNL2321**

Perzisch (Farsi): **BDFA1510**

Mijn allermooiste droom
قشنگ‌ترین رویای من

Cornelia Haas · Ulrich Renz

Nederlands tweetalig Perzisch (Farsi)

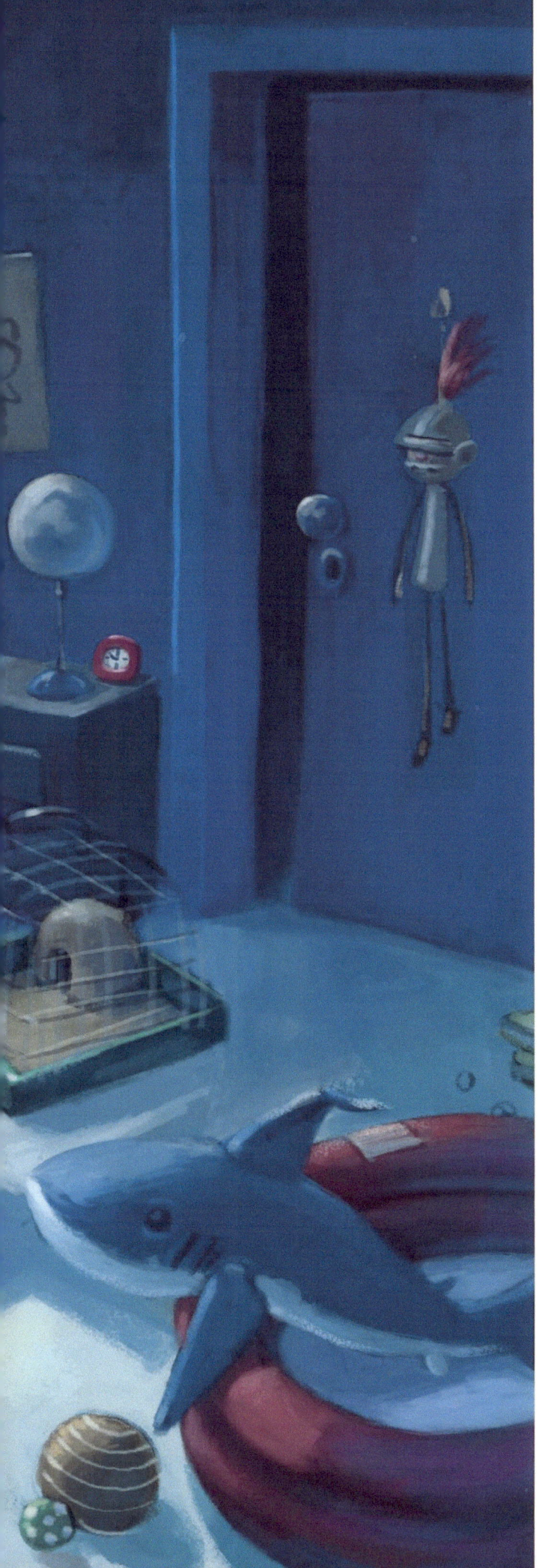

Lulu kan niet slapen. Alle anderen zijn al aan het dromen – de haai, de olifant, de kleine muis, de draak, de kangoeroe, de ridder, de aap, de piloot. En het leeuwenwelpje. Zelfs de beer heeft moeite om zijn ogen open te houden ...

Hé beer, neem je me mee in je dromen?

لولو خوابش نمی‌برد. بقیه خیلی وقت است که دارند خواب می‌بینند، کوسه‌ماهی، فیل، موش کوچولو، اژدها‌کانگورو، شوالیه، میمون، خلبان و بچه‌شیر. حتی خرسه هم تقریباً چشم‌هایش بسته شده است...

هی خرسه، من را هم می‌بری به خوابت؟

En zo bevindt Lulu zich in berendromenland. De beer is vissen aan het vangen in Meer Tagayumi. En Lulu vraagt zich af: wie woont daarboven in de bomen?

Wanneer de droom voorbij is, wil Lulu nog meer beleven. Kom mee, laten we de haai bezoeken! Wat zou hij nu dromen?

و حالا لولو در سرزمین رویای خرس‌ها است. خرسه از دریاچه‌ی تاگایومی ماهی می‌گیرد. و لولو با تعجب از خودش می‌پرسد، چه کسی آن بالا توی درخت‌ها زندگی می‌کند؟
رویا که تمام می‌شود، لولو هنوز هم دلش ماجراهای بیشتری می‌خواهد. بیا برویم به دیدن کوسه‌ماهی! یعنی او چه خوابی دارد می‌بیند؟

De haai speelt tikkertje met de vissen. Eindelijk heeft ook hij vrienden!
Niemand is bang voor zijn scherpe tanden.
Wanneer de droom voorbij is, wil Lulu nog meer beleven. Kom mee, laten we de olifant bezoeken! Wat zou hij nu dromen?

کوسه‌ماهی دارد با بقیه ماهی‌ها، قایم‌باشک بازی می‌کند. بالاخره دوست پیداکرده است! هیچ‌کس از دندان‌های تیزش نمی‌ترسد.

رویا که تمام می‌شود، لولو هنوز هم دلش ماجراهای بیشتری می‌خواهد. بیایید برویم به دیدن فیله! یعنی او چه خوابی دارد می‌بیند؟

De olifant is zo licht als een veertje en kan vliegen! Hij staat op het punt om te landen in de hemelse weide.
Wanneer de droom voorbij is, wil Lulu nog meer beleven. Kom mee, laten we de kleine muis bezoeken! Wat zou zij nu dromen?

فیله مثل یک پر سبک شده است و می‌تواند پرواز کند! بعد روی دشتی در آسمان فرود می‌آید.

رویا که تمام می‌شود، لولو هنوز هم دلش ماجراهای بیشتری می‌خواهد. بیایید برویم به دیدن موش کوچولو! یعنی او چه خوابی دارد می‌بیند؟

De kleine muis is naar de kermis aan het kijken. De achtbaan vindt ze het leukste.
Wanneer de droom voorbij is, wil Lulu nog meer beleven. Kom mee, laten we de draak bezoeken! Wat zou hij nu dromen?

موش کوچولو در حال تماشای شهربازی است! بیشتر از همه از ترن هوایی خوشش می‌آید. رویا که تمام می‌شود، لولو هنوز هم دلش ماجراهای بیشتری می‌خواهد. بیایید برویم به دیدن اژدها! یعنی او چه خوابی دارد می‌بیند؟

De draak heeft dorst van al het vuurspugen. Hij zou graag het hele limonademeer leegdrinken.

Wanneer de droom voorbij is, wil Lulu nog meer beleven. Kom mee, laten we de kangoeroe bezoeken! Wat zou zij nu dromen?

اژدها از بس آتش بیرون داده است، تشنه است. دلش می‌خواهد تمام دریاچه‌ی لیموناد را تا ته بنوشد.

رویا که تمام می‌شود، لولو هنوز هم دلش ماجراهای بیشتری می‌خواهد. بیایید برویم به دیدن کانگورو! یعنی او چه خوابی دارد می‌بیند؟

De kangoeroe springt door de snoepfabriek en vult haar buidel. Nog meer gummibeertjes! En drop! En chocolade!

Wanneer de droom voorbij is, wil Lulu nog meer beleven. Kom mee, laten we de ridder bezoeken! Wat zou hij nu dromen?

کانگورو در کارخانه آب‌نبات‌سازی بالا و پایین می‌پرد و کیسه اش را پر می‌کند. بازهم بیشتر از آب‌نبات‌های آبی رنگ! از آب‌نبات چوبی‌ها! او از شکلات‌ها!
رویا که تمام می‌شود، لولو هنوز هم دلش ماجراهای بیشتری می‌خواهد. بیایید برویم به دیدن شوالیه! یعنی او چه خوابی دارد می‌بیند؟

De ridder is bezig met een taartgevecht met de prinses van zijn dromen.
Oeps! De slagroomtaart gaat ernaast!
Wanneer de droom voorbij is, wil Lulu nog meer beleven. Kom mee, laten we de aap bezoeken! Wat zou hij nu dromen?

شوالیه و شاهزاده‌ی رویاهایش دارند به هم کیک پرتاب می‌کنند. اوه! کیک خامه‌ای از بیخ گوشش رد شد!

رویا که تمام می‌شود، لولو هنوز هم دلش ماجراهای بیشتری می‌خواهد. بیایید برویم به دیدن میمون! یعنی او چه خوابی دارد می‌بیند؟

Eindelijk is er sneeuw gevallen in Apenland. De hele groep apen is door het dolle heen. Het is een echte apenkooi.
Wanneer de droom voorbij is, wil Lulu nog meer beleven. Kom mee, laten we de piloot bezoeken! Wat zou hij nu dromen?

بالاخره در سرزمین میمون‌ها برف باریده است! کلِ دارودسته‌ی میمون‌ها حسابی ذوق‌زده شده‌اند و دارند دیوانه‌بازی درمی‌آورند.

رویا که تمام می‌شود، لولو هنوز هم دلش ماجراهای بیشتری می‌خواهد. بیایید برویم به دیدن خلبان! یعنی در کدام رویا فرود آمده است؟

De piloot vliegt verder en verder. Naar het einde van de wereld en nog verder, helemaal tot aan de sterren. Geen andere piloot heeft dat ooit gedaan. Wanneer de droom voorbij is, is iedereen al heel moe en willen ze niet meer zo veel beleven. Maar toch willen ze het leeuwenwelpje nog bezoeken. Wat zou zij nu dromen?

خلبان پرواز می‌کند و بازهم پرواز می‌کند. تا آخر دنیا و از آنجا هم باز جلوتر تا ستاره‌ها. تا حالا هیچ خلبانی نتوانسته این کار را بکند.

رویا که تمام می‌شود، همه حسابی خسته هستند و دیگر نمی‌خواهند دنبال ماجراهای بیشتر بروند. اما هنوز می‌خواهند به دیدن بچه‌شیر هم بروند. یعنی او چه خوابی دارد می‌بیند؟

Het leeuwenwelpje heeft heimwee en wil terug naar haar warme, knusse bed.
Dat willen de anderen ook.

En daar begint ...

بچه‌شیر دلش برای خانه تنگ شده است و می‌خواهد برگردد به تختخواب گرم و نرم.

بقیه هم همینطور.

و تازه اینجاست ...

... که شروع می‌شود...

... Lulu's allermooiste droom.

... قشنگ‌ترین رویای لولو.

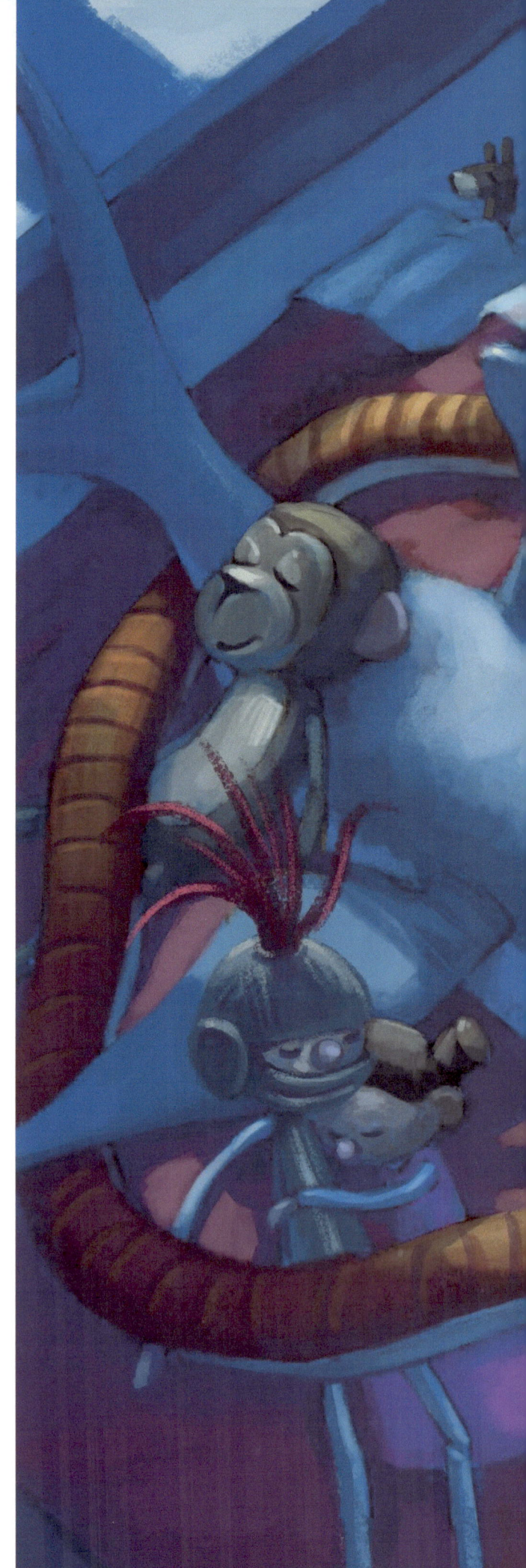

Ulrich Renz • Marc Robitzky

De wilde zwanen
قوهای وحشی

Vertaling:

Christa Kleimaker (Nederlands)

Jahan Mortezai (Perzisch (Farsi))

Luisterboek en video:

www.sefa-bilingual.com/bonus

Gratis toegang met het wachtwoord:

Nederlands: **WSNL2121**

Perzisch (Farsi): **WSFA1510**

Ulrich Renz · Marc Robitzky

De wilde zwanen
قوهای وحشی

Een sprookje naar
Hans Christian Andersen

+ audio + video

Nederlands　　　tweetalig　　　Perzisch (Farsi)

Er waren eens twaalf koningskinderen – elf broers en een grote zus, Elisa. Ze leefden gelukkig in een prachtig kasteel.

یکی بود، یکی نبود. همه بودند و هیچ کس نبود.

روزی روزگاری دوازده شاهزاده بودند، یازده برادر و یک خواهر بزرگتر به اسم الیزه. آنها خوشبخت در قصر باشکوهی زندگی می کردند.

Op een dag stierf hun moeder en een poosje later trouwde de koning opnieuw. Maar de nieuwe vrouw was een boze heks. Ze toverde de elf prinsjes om in zwanen en stuurde ze naar een vreemd land heel ver weg, aan de andere kant van het grote bos.

روزی از روزها مادرشان از دنیا رفت و مدتی بعد پادشاه دوباره ازدواج کرد. همسر جدید پادشاه اما جادوگر بدجنسی بود. او یازده شاهزاده را با جادو به شکل قو در آورد و به جایی دوردست فرستاد، به سرزمینی نا آشنا آنسوی جنگل‌های انبوه.

Ze kleedde het meisje in vodden en smeerde haar een zalfje op het gezicht dat haar zo lelijk maakte dat zelfs haar eigen vader haar niet meer herkende en haar uit het kasteel verjaagde. Elisa rende het donkere bos in.

او لباس‌های ژنده ای بر تن دخترک کرد و صورتش را با روغنی چنان زشت کرد که حتا پدرش هم او را نشناخت و از قصر بیرونش کرد. الیزه به جنگل تاریک گریخت.

Nu was ze helemaal alleen, en verlangde in het diepst van haar ziel naar haar verdwenen broers. Toen de avond viel maakte ze onder de bomen een bed van mos.

اکنون او تنهای تنها بود و دلتنگی و غم زیادی برای دیدار برادران گمشده اش داشت. غروب که فرا رسید، زیر درخت‌ها برای خودش بستری از خزه ساخت.

De volgende ochtend kwam ze bij een stille vijver en schrok ze toen ze daarin haar eigen spiegelbeeld zag. Maar nadat ze zich had gewassen, was ze het mooiste koningskind onder de zon.

صبح روز بعد کنار برکه ای که رسید، از دیدن چهره خود در آب وحشت زده شد. اما بعد از شستن خودش، دوباره زیباترین شاهزاده خانمی شد که خورشید تا بحال دیده بود.

Na vele dagen bereikte Elisa de grote zee. Op de golven schommelden elf zwanenveren.

بعد از چندین روز الیزه به دریای پهناوری رسید. روی امواج، یازده پرقو مثل آلاکلنگ بالا و پایین می‌رفتند.

Toen de zon onderging, ruisde er iets in de lucht en elf wilde zwanen landden op het water. Onmiddellijk herkende Elisa haar elf betoverde broers. Maar omdat ze de zwanentaal spraken, kon zij hen niet verstaan.

خورشید که غروب کرد، زمزمه ای در هوا پیچید و یازده قوی وحشی روی آب فرود آمدند. الیزه بی درنگ برادران جادو شده اش را شناخت. اما چون آنها به زبان قوها صحبت می‌کردند، او نمی‌توانست حرفهای آنها را بفهمد.

Overdag vlogen de zwanen weg, maar 's nachts vlijden de broers en zus zich in een grot tegen elkaar aan.

In een nacht had Elisa een vreemde droom: Haar moeder vertelde haar hoe ze haar broers kon bevrijden. Ze moest voor iedere zwaan een hemdje van brandnetels breien en het dan over hem heen werpen. Tot die tijd mocht ze geen woord spreken, want anders zouden de broers sterven.
Elisa ging gelijk aan het werk. Hoewel haar handen brandden als vuur, breide ze onvermoeid door.

در طول روز قوها به پرواز در می آمدند و شبها را کنار خواهرشان در غاری بسر می‌بردند.

شبی الیزه خواب عجیبی دید: مادرش به او گفت که چگونه می تواند برادرانش را نجات بدهد. او می‌بایستی از گزنه برای هر یک از قوها پیراهنی ببافد و روی تک تک آنها بیندازد. در این مدت اما او نباید حتا یک کلمه حرف بزند وگرنه این باعث مرگ آنها خواهد شد.
الیزه بی درنگ شروع به کار کرد. هرچند دستانش چون آتش می‌سوختند، اما او همچنان خستگی ناپذیر می‌بافت.

Op een dag klonken er in de verte jachthoorns. Een prins met zijn gevolg kwam aangereden en stond al snel voor haar. Toen ze elkaar in de ogen keken, werden ze verliefd.

روزی از در دوردست‌ها آواز شیپور شکار می‌آمد. شهزاده ای با همراهانش سوار بر اسب آمد و کمی بعد مقابل او ایستاد. لحظه ای آن دو در چشمان یکدیگر خیره شدند و یک دل نه صد دل عاشق یکدیگر شدند.

De prins tilde Elisa op zijn paard en reed met haar naar zijn kasteel.

شاهزاده الیزه را بر اسب خود نشاند و با هم به سوی قصرش تاختند.

De machtige schatbewaarder was over de aankomst van het stomme meisje helemaal niet blij. Zijn eigen dochter zou de bruid van de prins moeten worden.

خزانه‌دار مقتدر از آمدن زیباروی بی‌زبان خوشحال نبود. چون قرار بود دختر خودش عروس شاهزاده شود.

Elisa was haar broers niet vergeten. Iedere avond werkte ze verder aan de hemdjes. Op een nacht sloop ze naar het kerkhof om verse brandnetels te plukken. Daarbij had de schatbewaarder haar in het geheim gade geslagen.

الیزه برادرانش را فراموش نکرده بود. هر غروب بافتن پیراهن‌ها را ادامه می‌داد. شبی به مقصد قبرستان بیرون رفت که گزنه‌های تازه بیاورد. درحالیکه خزانه‌دار مخفیانه او را تعقیب می‌کرد.

Zodra de prins op jacht was, liet de schatbewaarder Elisa in de kerker gooien. Hij beweerde dat zij een heks was die 's nachts andere heksen ontmoette.

زمانی که شاهزاده برای شکار بیرون رفته بود، خزانه دار دستور داد که الیزه را در سیاهچال بیاندازند. او ادعا می کرد، الیزه جادوگری است که شبها با جادوگرهای دیگر دیدار می‌کند.

Bij het aanbreken van de dag werd Elisa door de bewakers opgehaald. Ze zou op de markt worden verbrand.

سحرگاه الیزه توسط نگهبانان آورده شد. او می‌بایستی در میدان شهر سوزانده شود.

Nauwelijks waren ze daar aangekomen toen plotseling elf witte zwanen aangevlogen kwamen. Snel gooide Elisa iedere zwaan een brandnetel-hemdje over. Al gauw stonden al haar broers als mensen voor haar. Alleen de kleinste, wiens hemdje nog niet helemaal klaar was, had nog een vleugel in plaats van een arm.

او هنوز به آنجا نرسیده بود که یازده قوی سفید پروازکنان سر رسیدند. الیزه بی درنگ روی هر یک لباسی از گزنه انداخت. لحظه ای بعد برادرانش به شکل آدم مقابلش ایستادند. تنها برادر کوچکتر که لباسش کامل بافته نشده بود، بجای یک دست یک بال را هنوز حفظ کرده بود.

Het omhelzen en kussen van de broers en zus was nog niet afgelopen toen de prins terugkeerde. Eindelijk kon Elisa hem alles uitleggen. De prins liet de boze schatbewaarder in de kerker gooien. En daarna werd er zeven dagen lang bruiloft gevierd.

En ze leefden nog lang en gelukkig.

روبوسی و دلداری خواهر و برادران هنوز تمام نشده بود که شاهزاده بازگشت. و اینجا بود که الیزه بالاخره توانست کل ماجرا را برایش توضیح دهد. شاهزاده دستور داد خزانه‌دار بدذات را به سیاهچال بیندازند. سپس هفت شبانه روز به جشن و پایکوبی عروسی پرداختند.

و اگر عمرشان بسر نرسیده باشد، هنوز به خوبی و خوشی زندگی می‌کنند.

Hans Christian Andersen

Hans Christian Andersen werd 1805 in de Deense stad Odense geboren en overleed in 1875 te Kopenhagen. Door de sprookjes zoals "De kleine zeemeermin", "De nieuwe kleren van de keizer" of "Het lelijke eendje" werd hij wereldberoemd. Dit sprookje, "De wilde zwanen", werd voor het eerst in 1838 gepubliceerd. Het werd sindsdien in meer dan honderd talen vertaald en in vele versies o.a. ook voor het theater, film en musical bewerkt.

Barbara Brinkmann werd geboren in 1969 in München (Duitsland). Ze studeerde architectuur in München en is momenteel werkzaam bij de faculteit Bouwkunde van de Technische Universiteit van München. Ze werkt ook als grafisch ontwerper, illustrator en auteur.

Cornelia Haas werd geboren in 1972 in Ichenhausen bij Augsburg (Duitsland). Ze studeerde design aan de Hogeschool van Münster, waar ze als ontwerpster afstudeerde. Sinds 2001 illustreert ze boeken voor kinderen en jongeren en sinds 2013 doceert ze acryl- en digitale schilderkunst aan de Hogeschool Münster.

Marc Robitzky, geboren in 1973, studeerde aan de technische kunstschool in Hamburg en de Academie voor Beeldende Kunsten in Frankfurt. Hij werkte als zelfstandig illustrator en communicatie designer in Aschaffenburg (Duitsland).

Ulrich Renz werd geboren in 1960 in Stuttgart (Duitsland). Hij studeerde Franse literatuur in Parijs en geneeskunde in Lübeck, waarna hij als directeur van een wetenschappelijke uitgeverij werkte. Vandaag de dag is Renz freelance auteur en schrijft hij naast non-fictie ook boeken voor kinderen en jongeren.

Hou je van tekenen?

Hier vindt je alle illustraties van het verhaal om in te kleuren:

www.sefa-bilingual.com/coloring

www.ingramcontent.com/pod-product-compliance
Lightning Source LLC
LaVergne TN
LVHW070443080526
838202LV00035B/2714